# L'HARMONIE MUSICALE

## POËME DIDACTIQUE

### EN QUATRE CHANTS

PAR

## A. ELWART,

Ancien pensionnaire de France à Rome,
Chevalier de l'Ordre Royal Espagnol de Charles III,
Professeur au Conservatoire Impérial de musique et de déclamation.

Nulla ars in se versatur.
CICÉRON: *De Finibus bon. et mal.*
Livre V<sup>e</sup>, chap. VI

## PARIS

AMYOT, LIBRAIRE ÉDITEUR,
RUE DE LA PAIX, N° 8.

1853

# PRÉFACE.

En écrivant ce poëme didactique, l'auteur n'a pas eu la prétention d'enrichir notre littérature d'un chef-d'œuvre nouveau ; il ne l'a entrepris que pour se reposer des fatigues de l'enseignement ; et, c'est le fruit de ses loisirs qu'il adresse à ses nombreux élèves ; car, depuis plus de vingt ans qu'il professe, il a le bonheur de compter parmi eux de véritables artistes et amateurs de talent. C'est donc à vous Grisar, à vous Théodore Gouvy, à vous Aimé Maillart, à vous Deldevez, à vous N. Louis, à vous Georges Bousquet, à vous Laurent de Rillé, à vous Lenvec, à vous Charles Manry, à vous enfin Albert de Waresquiel, que votre professeur d'harmonie dédie cet essai poétique. Puisse sa publication contribuer à faire aimer et cultiver davantage un art dont les résultats procurent de vives et pures jouissances ; et, si l'auteur a atteint ce noble but, il croira ne pas avoir perdu son temps !

La partie purement théorique de l'harmonie n'a pu être

développée dans un ouvrage du genre de celui-ci, avec tous les détails qu'elle comporte ; assez de traités spéciaux peuvent être d'ailleurs consultés à cet égard ; mais, c'est surtout à l'expression poétique des accords, à l'emploi, dans le genre idéal, des notes de passage, et à la citation souvent faite des œuvres musicales les plus célèbres de tous les temps et de toutes les écoles, que l'auteur s'est principalement attaché.

Déjà, dans la *Méthode d'harmonie* des *Etudes élémentaires de la musique*, il avait donné à ses démonstrations l'autorité d'exemples puisés aux œuvres des grands compositeurs. Ce qu'il a fait avec quelque succès en 1836, il le reproduit ici; mais en embellissant ses citations des formes et des couleurs de la poésie, afin de les graver plus profondément dans la mémoire des jeunes élèves.

Dans des notes très laconiques, placées au bas des pages du poëme, les ouvrages cités sont indiqués avec un soin scrupuleux, afin que les lecteurs puissent consulter, sans perte de temps, les partitions dans lesquelles l'auteur a choisi les nombreux exemples qu'il offre aux méditations des artistes et des amateurs du bel art qui, suivant la noble pensée de Madame de Stael, a l'heureux privilége de ne pouvoir rien peindre de bas et de mesquin.

# A LA MÉMOIRE

## De Mme de Sainte-Ursule.

J'avais quinze ans à peine
Lorsque, pour moi, votre amitié
Daigna, me prenant en pitié,
Dans l'art, vous faire ma marraine.
Reicha, le maître glorieux,
Vous dit : Soutenez sa faiblesse
Dans les sentiers harmonieux...


A votre mémoire, j'adresse
Ce poëme bien imparfait.
Ombre chère, acceptez l'hommage
D'une œuvre, la vôtre, en effet.
Le doux souvenir d'un bienfait,
Des nobles cœurs est l'apanage.


Comme le ruisseau murmurant
Au printemps, un chant dans sa course,
Ma Muse a célébré la source
De votre docte enseignement.
Si ce poëme didactique
Supporte l'œil de la Critique

Et me mérite des bravos ;
J'irai déposer sur la pierre,
Votre demeure dernière,
De mes lauriers les verts rameaux.

M^lle Henriette Mercier, belle-fille du médecin Malaise, étudia, sous la direction de Reicha, toutes les parties de la composition musicale. Lui ayant été recommandé par une amie de sa mère, par M^me Fauvel, elle voulut bien, à la prière de cette bonne et indulgente Mécène, me présenter à son célèbre professeur qui, trop occupé, la chargea de me préparer à entrer plus tard au Conservatoire.

Pendant les années 1824 et 1825, M^lle Mercier consacra deux heures chaque dimanche, à l'accomplissement de sa bonne œuvre. Après avoir terminé son cours d'harmonie, l'élève reconnaissant fut admis dans la classe de M. Fetis, celle de M. Reicha étant au complet à cette époque ; et, quelque temps après, il fut également admis dans celle de M. Le Sueur. Grâce à la bonne direction que M^lle Mercier avait donnée à ses premières études, direction si décisive pour l'avenir d'un élève, l'auteur de ce poëme obtint dans ses classes quelques honorables succès.

En 1841, M^lle Mercier épousa M. de Sainte-Ursule ; et, après avoir passé quelques années heureuse sur cette terre où elle n'a fait que du bien, elle succomba à l'âge de quarante-quatre ans, des suites d'une maladie de langueur.

Excellent professeur de piano, M^me de Sainte-Ursule

a publié plusieurs œuvres recommandables pour son instrument favori. Parmi ses meilleures compositions de ce genre, la fantaisie sur la *Berceuse*, mérite d'être citée en première ligne, à cause de son Introduction d'un style élevé et d'une nouveauté de plan toute exceptionnelle.

Nous sommes heureux que la publication de ce poëme, nous ait enfin donné l'occasion de signaler aux artistes une de ces femmes rares qui, vouées par instinct à l'accomplissement du bien, n'ont jamais cherché à occuper d'elles le public; et, c'est avec une joie mêlée de tristesse, que nous aimons à jeter les fleurs d'un souvenir impérissable sur la mémoire vénérée de la femme qui nous a tendu généreusement la main au début de notre carrière.

A. E.

# L'HARMONIE MUSICALE

## POËME DIDACTIQUE.

### CHANT PREMIER.

Echo des chœurs divins, ô sublime Harmonie,
J'ose te célébrer ! Prête-moi ton génie ;
Adoucis mes accents : que mon luth transporté,
Exaltant ton pouvoir, module avec fierté.


Fille du ciel, ta voix et multiple et sonore,
Sur les ailes des vents célèbre chaque aurore ;
Dès qu'aux feux du midi s'embrase l'univers,
Tu fais chanter les flots, ces grandes voix des mers.
Le soir, lorsque Diane éclaire les montagnes,
Tu sembles bourdonner dans l'herbe des campagnes ;
Et, quand la bise souffle au milieu de la nuit,
Ta voix mélancolique, en modulant bruit.


Tout aime sous les cieux, et tout chante ou soupire.
Harmonie, oui, c'est toi qui fais vibrer la lyre

Du poëte inspiré, de l'artiste béni
Qui ravissent notre âme au sein de l'infini !
Avant qu'Adam eût fait dans l'Eden ce beau rêve,
Dont la réalité fut la naissance d'Eve,
Tu n'existais encor que par les bruits divers
De l'onde et du feuillage animant l'univers;
Mais dès que par l'amour, leurs deux âmes unies
Connurent du bonheur les douceurs infinies,
Leurs voix, avec ivresse, adressèrent au ciel
Par un accord sublime, un hymne solennel!...
Accord parfait et pur, symbole d'innocence,
Il s'altéra bientôt; et, l'orgueil en démence,
Inspiré par l'Enfer, ferma le Paradis
A nos premiers parents, à leurs enfants maudits.
Voués aux durs travaux, aux douleurs paternelles,
Les bannis, en pleurant leurs erreurs criminelles,
Se consolaient par toi, mère des doux accords ;
Tu rendais moins poignants leurs incessants remords.
Mais bientôt le démon arma la main d'un frère ;
Et le sang de son fils effraya l'œil d'un père !...
De ce spectacle horrible, en détournant les yeux,
Révélons les secrets de l'Art harmonieux.


Trois sons générateurs engendrent de la gamme
Les sons mélodieux du chant formant la trame.
FA, DO, LA, DO, SOL, MI, premiers accords parfaits;
SOL, RÉ, SI, le troisième, y chantent à jamais :
*Do, ré, mi, fa, sol, la, si, do...* sonore échelle,
D'où s'élancent les sons vers la voûte éternelle (1).


On produit les accords en les superposant :
Entendus séparés, ils expriment le chant.

(1) A. Savart, *Cours complet d'harmonie*. Introduction, page 24.

Trois groupes, divisant des accords la cohorte,
Assignent à chacun le nombre qu'il comporte.
Groupes de trois, de quatre et de cinq sons divers,
Renferment des accords les sublimes concerts!


Trinité musicale, accord parfait, unique,
Basé sur un seul son, qui s'appelle TONIQUE :
Une *tierce*, une *quinte*, harmonieux rameaux,
Se joignant à l'*octave*, expriment le repos.
Trois fois un en un seul, par ce noble assemblage,
Du triangle divin, cet accord est l'image.
Si la tierce est *majeure*, alors le ton est fort ;
*Mineure*, il est touchant, et l'on songe à la mort!...
Et seul, l'accord parfait offre un sens à notre ame.
La tonique est la *hampe*, et la tierce est la *flamme*
Du *drapeau* de l'accord, dont la quinte est le *fer*.
L'octave est un écho du premier son dans l'air...


Chacun des six degrés de la tonique-mère
Peut, nouvelle tonique, entrer dans la carrière,
Y jeter à son tour une douce lueur ;
Mais il faut que le ton principal soit majeur.
Si sa première tierce est *mineure*, on évite
Sur le second degré dont la quinte est petite,
*Diminuée* enfin, d'asseoir un nouveau ton;
Les six autres degrés ont chacun un rayon,
Qui projette à son tour sur la gamme première
Comme ceux du soleil, une chaude lumière.


Par la *synonymie* on obtient le mineur
De la tonique-mère ainsi que son majeur.

Parmi tous ces degrés, celui de dominante,
Permet un long repos dans leur marche ascendante;
Si le ton est majeur toujours on le choisit;
Mais, s'il est plus touchant, si, mineur il gémit,
Son majeur principal alors est préférable;
Il repose l'oreille, étant moins lamentable.
A la quinte du ton, jadis on modulait,
Mais sa tierce mineure en assombrit l'effet.
Pour finir, du majeur synonyme on emploie
La tierce scintillante et qui donne la joie :
Oasis, elle invite au champêtre repos,
Et peint l'amour naïf chanté sur les pipeaux.


D'un rayon de soleil l'accord parfait se dore,
Image des glaciers au lever de l'aurore;
Par sa quinte il *s'augmente* : elle peint tour à tour,
L'accent du repentir, ou le tourment d'amour.
Quand le fils de **Melcthal**, en sa douleur amère,
S'écrie : *O ciel ! tu sais si Mathilde m'est chère ?*
L'accord, comme la myrrhe, exhale son encens,
Et l'auteur de *Guillaume* enivre tous nos sens (1) !


Par un effet contraire et tout aussi sensible,
La quinte de l'accord, donné par la sensible,
Se diminue et chante avec l'âpre douleur.
Reliant par un prisme et majeur et mineur,
Les modes opposés, cette quinte touchante
Se complète et devient *septième dominante* :
C'est elle qui fixa notre tonalité,
En sapant du plain-chant l'antique autorité.

(1) Rossini. — *Guillaume Tell*, acte 1er, duo de Guillaume et d'Arnold.

Avant ta découverte, ô septième bénie,
A nos sens se cachait la moderne harmonie;
Mais le grand Monteverde en toi vit le fanal
Des accords dissonants du système tonal.


Si tout forme contraste en la nature entière,
Tout, dans l'art des accords produit ombre ou lumière.
La dissonance ajoute au charme des couleurs,
Que savent mélanger les grands compositeurs.


Type admirable et pur, la septième puissante,
Véritable Protée à la forme changeante,
Altère tour à tour l'un de ses quatre sons.
Si sa tierce est mineure, aux naïves chansons
Elle prête du charme (1); et si sa quinte abaisse
Sa voix d'un demi-ton, l'accord plein de tristesse
S'assombrit et soupire avec le tendre amant
Qui réclame, en secret, l'effet d'un doux serment (2).
De la septième-type si la quinte s'augmente,
L'accord prend tout à coup une forme élégante :
Du *Freyschutz* l'ouverture en emprunte la voix,
Lorsque ses quatre cors nous font rêver aux bois (3).
La *septième sensible*, arcane d'harmonie,
Respire de l'amour tout le brûlant génie.
Par ta lyre, ô Berton, qu'elle a touché de cœurs,
Alors que *Stéphanie* en chantant ses langueurs,
Disait : *Oui, c'est demain, demain que l'hyménée,
Cher Montano, confie à toi ma destinée* (4) !

---

(1) Septième de seconde espèce.
(2) Septième de troisième espèce, ou mix'e.
(3) C. M. A. Weber. — Introduction de l'ouverture du *Freyschutz*.
(4) H. M. Berton. — *Montano et Stéphanie*, acte 1er.

Cet accord expressif a l'éclat du métal;
Et jamais son emploi ne doit être banal.
Quand l'horreur des tombeaux et leurs funèbres flammes,
Dans un cloître, ô *Bertram*, épouvante nos ames,
La septième mineure, à ta voix s'abaissant,
Devient *diminuée*, et chante en pâlissant (1),
La *septième majeure* est toute monacale;
Le cantique convient à sa voix sépulcrale.
Il faut la préparer avec précaution,
Et la résoudre par une progression (2).


On *prépare* un accord alors qu'on fait entendre,
L'intervalle anormal dans un accord où, tendre
Il consonne d'abord; puis, l'effet dur produit,
Sa résolution, éclair pendant la nuit,
Illumine soudain le ciel de l'harmonie;
L'oreille en goûte alors la douceur infinie.


Que la même partie exprime constamment,
Et le son consonnant et le son dissonant.


Mais voici la *neuvième*, accord qui, dans l'arène
Porte un manteau de pourpre et marche en souveraine !

(1) G. Meyerbeer.— *Robert le Diable*, acte des nonnes.
(2) Cet accord, dont Félicien David a fait un emploi nouveau autant que sublime vers la fin de la *Marche de la caravane*, avant le pittoresque ouragan du *Désert*, prend aussi le nom de septième de *quatrième espèce*. Il se résout régulièrement sur la septième de troisième espèce suivie de la septième dominante qui conclut à la tonique mineure.

Sa majesté, sa force imposent le respect;
Le corps sonore entier frémit à son aspect.....
Si comme une avalanche elle renverse et broie,
Comme le feu du ciel elle brûle et foudroie..,
*Majeure,* elle a l'éclat d'une lame de fer;
*Mineure,* elle a l'accent de la voix de la mer !


En formant des accords la guirlande charmante,
Suivez de chaque son la naturelle pente :
Que l'intervalle monte ou descende suivant
Son intonation, et la place et le rang,
Qu'il occupe, ourdissant la poétique trame,
Qui, du chant primitif, est la naïve gamme.
Artiste, si tu suis ce conseil fraternel,
Notre art, entre tes mains, sera vrai, naturel.


L'oreille, ce grand juge équitable et sévère,
Interdit tout accord qui, privé de lumière,
Heurte les sons voisins dans son expansion.
L'intervalle, élément dont la position,
Contre un autre intervalle engendre dissonance,
Doit être préparé en faisant consonnance.
La seconde, la quarte et la quinte toujours,
Ainsi que la septième aux dissonants contours,
Jamais deux fois de suite entre mêmes parties
Ne doivent se frapper. Deux tierces assouplies,
Deux sixtes, doux échos, peuvent sans dissoner,
Mêler leurs chastes voix. L'octave doit donner,
Mais pas plus d'une fois, son reflet inutile,
Entre le chant la basse, ou l'effet est stérile;
Car l'octave est au son ce que l'ombre est au corps :
N'en faites jamais deux de suite en vos accords.

Que toute dissonance en descendant se sauve,
Elle est louche et sans cesse, ainsi que fait la fauve,
Elle fuit d'un jour pur l'éclat trop radieux.
Mais, que la consonnance en chantant monte aux cieux !


Il est un autre accord à la voix triste et grave,
C'est la *sixte augmentée*. Exprimant de l'esclave
Le muet désespoir; accord plein de langueur,
Il gémit sourdement dans le mode mineur.


On peut, avec effet, en alternant les modes,
De la riche harmonie amplifier les codes.
Rameau fut le premier, dont le savant flambeau
Jeta mille clartés dans ce sentier nouveau.
Pour lier les accords en leur donnant du nombre,
Une *note commune*, tour à tour claire et sombre,
Sous son niveau sonore égalise les sons,
Et du prisme harmonique offre ainsi tous les tons.
Par les renversements, chaque accord du système
Se transforme, et pourtant, reste toujours le même.
Le *son fondamental* d'un accord, est celui
Qui le premier lui prête au grave un noble appui.
Car l'état des accords se précise à la basse.
Si la tierce, à son tour, mollement s'y prélasse,
Le *premier dérivé* se révèle soudain ;
Si c'est la dominante au mode peu certain,
Le *dérivé second* alors s'y fait entendre.
La septième, âpre, dure, et qui tend à descendre,
Exprime, en y vibrant, *troisième dérivé*.
La neuvième, à la basse, est un cas réservé;
*Dérivé quatrième*, et qui ferme la liste.
De tous ceux de ce genre offerts à l'harmoniste.

Admirable pouvoir, riche variété
Qu'étale à nos regards la puissante Unité.


Pour sténographier les accords à la basse
On chiffre chacun d'eux ; et, souvent on entasse
Plus d'un chiffre en colonne afin de préciser
Le genre de l'accord qu'il faut accompagner (1).


Hiéroglyphe puissant, symbole de l'usure,
O chiffre ! l'harmonie en t'employant t'épure ;
Et ton produit divin, nous donnant du bonheur,
Console des méfaits d'un honnête prêteur !


(1) C'est à Louis Viadana, compositeur florentin du XVIIe siècle, que l'invention de la basse chiffrée est attribuée ; mais, d'après l'examen d'ouvrages antérieurs au temps où florissait cet artiste, on est fondé à croire qu'il n'aura fait que perfectionner l'espèce de sténographie harmonique dont il est ici question.


FIN DU PREMIER CHANT.

# CHANT SECOND.

Trois mouvements divers animent les parties :
Le premier, le *semblable*, aux oreilles ravies,
Fait entendre des sons purs et mélodieux...
Et par lui, deux amants harmonisent leurs feux.
Le second, le *contraire*, est rempli d'élégance ;
Il sauve avec bonheur une âpre dissonance.
Le troisième, l'*oblique*, est de tous le niveau ;
Il tient un même son : caméléon nouveau,
Qui change à chaque instant, et dont l'effet magique
Est d'être des accords l'arc-en-ciel harmonique.
Et par un doux pouvoir, ce dernier mouvement
Facilite des sons l'heureux enlacement.


Imitant du discours les repos nécessaires,
Les *cadences*, du chant les bornes milliaires,
Règlent, sans les heurter, les modulations.
Puis, le compositeur, par *deux transitions*,
Fait passer à son gré, dans le fond de notre ame,
La terreur ou l'espoir, ces deux filles du drame.

Si la voix de *Moïse* a conjuré les cieux
Pour que l'obscurité disparaisse à nos yeux,
Une transition *simple*, toute puissante,
Rend la clarté du jour à Memphis suppliante (1).
Haydn, en exprimant le *fiat lux* sacré
Dans sa *Création*, fut par elle inspiré (2).
Que la voix de *Guillaume*, avec chaleur réclame
D'Arnold la mâle épée : *Idole de son âme*,
*Mathilde*, dans son cœur tout plein de passion,
Inspire à ses accents l'autre transition :
*Composée*, elle a joint d'étrangères toniques (3) !


La *cadence plagale* aime les saints cantiques.
La *cadence évitée* est comme un feu follet,
Qui pâlit, se ranime, et bientôt disparaît.....
La *cadence rompue* est une autre Gorgone :
C'est elle qui maudit la faible *Desdémone*,
Par la voix de son père, implacable vieillard (4).
La *cadence imparfaite* est fille du hasard :
Elle marche incertaine, et semble, avec mystère,
Vouloir, tout à la fois, et parler et se taire.


La *cadence parfaite* est franche et sans détours.
Elle est bien vieille, eh bien, on l'applaudit toujours !
Compositeurs gourmés, qui prenez tant de peine
Pour détrôner à tort, des cadences la reine,

(1) Rossini : *Mosé*, acte 1ᵉʳ, après l'invocation du héros de ce bel ouvrage.
(2) Haydn : 1ʳᵉ partie de la *Création*, conclusion du chœur qui suit le récit de Raphaël.
(3) Rossini : *Guillaume Tell*, acte 1ᵉʳ; duo d'Arnold et de Guillaume, déjà cité.
(4) *Otello*, final du 1ᵉʳ acte.

Vous restez incompris en ne concluant pas...
On peut être nouveau, mais sans galimatias.
Suivez du naturel la route naturelle ;
Du génie et du sens l'union est si belle !
Il faut par d'autres tours, dire, pour en montrer,
Ce que chacun ressent, mais ne peut exprimer.


Aux jeux des tons divers dont se forment les gammes,
L'artiste de talent sait captiver nos âmes.
Mais, pour y parvenir, en dépit des pédants,
On doit du luth sacré tirer des sons touchants.


Trois fois un même son, sous la main du génie,
De trois tons différents emprunte l'harmonie.
Tonique, tierce ou quinte, un son peut, tour à tour
Apparaître à nos sens sous un tout nouveau jour (1).


Artiste, aime ton art, si tu veux que je l'aime !
Souviens-toi que le chant est le dessin suprême ;
Qu'il emprunte aux accords ses sublimes couleurs ;
Et que leur union électrise les cœurs !


(1) Un son musical arbitrairement choisi, pouvant être tour à tour la tonique d'une gamme majeure, la tierce d'une gamme mineure, et, enfin, la quinte d'une seconde gamme majeure, placée quatre degrés plus haut que la tonique majeure principale, on peut accompagner en trois tons différents une mélodie écrite en majeur. Ainsi, une phrase conçue en ut majeur par exemple, peut-être accompagnée, 1° en *ut* majeur, 2° en *la* mineur, 3° en *fa* majeur. Il suffit, quant à ce dernier ton, d'employer le si-bémol, et de faire subir un changement à la note finale de la mélodie, afin que sa conclusion en *fa* ait un tour plus naturel.

Pour produire un effet ou puissant ou terrible,
L'*unisson* à la voix stridente, irrésistible,
Fait garder aux accords un silence éloquent :
Par son emploi, Verdi s'est posé noble et grand.
Avant lui, Bellini, mélodieux poëte,
L'avait dans un final, chanté par *Juliette*
Et l'ardent *Romeo*, montré nombreux et fort. (1)


Si vous voulez causer un sublime transport,
Ouvrez avec savoir la route *enharmonique*
Si propice aux effets du style dramatique.
Par elle, on quitte, ou prend des chemins opposés ;
Elle sert de fanal aux tons aventurés.
Lorsqu'aux pieds paternels *Desdemone* étendue,
Demande en gémissant, pauvre femme éperdue,
Pitié pour son amour... l'immortel Rossini,
Semble atteindre du beau l'idéal infini.
L'enharmonie alors ouvrant ses grandes ailes,
Emporte vers les cieux les plaintes paternelles ;
Et, cet effet si beau qu'il confond la raison
S'assombrit par la voix du lugubre basson (2).


Pour peindre les langueurs d'un amant qui soupire,
Le *genre chromatique* à lui seul peut suffire.
Il s'élève ou descend comme au sein des roseaux
La brise, vers le soir, module sur les eaux...
Rameau, qui restaura notre scène lyrique,
Y fit un bel emploi du genre chromatique.


(1) Bellini : *I Capuleti e I Montecchi*, acte 2e, final.
(2) Rossini : *Otello*, final du 1er acte, déjà cité.

Sparte donne à *Castor* de sublimes regrets,
Et de *pâles flambeaux* éclairent les cyprès... (1)
Plus naïf, calme et pur, mais d'un effet moins ample,
Le doux *diatonique* aime l'ombre d'un temple.
Gardant d'un même ton la couleur, c'est par lui
Que l'*Alla Trinita,* brille encore aujourd'hui (2),

La gamme est le principe et la source bénie
D'où procède le chant et sa sœur l'harmonie.
Pour augmenter l'effet du retour d'un motif,
Elle prête aux savants un secours effectif,
Par la *progression,* arabesque charmante
Que forment les degrés de sa phrase ambiante.
*Marche* ou *progression,* lien qu'a défini
Dans un livre fameux, le grand Chérubini (3)

Afin d'accompagner la gamme aiguë ou grave,
Delaire a formulé la *Règle de l'octave* (4).
Do, porte accord parfait majeur et magistral ;
Ré, la sixte sensible, accord patriarcal ;
Mi, chante accord de sixte à l'allure élégante ;
Fa, de la sixte et quinte a la voix imposante ;

---

(1) Rameau : *Castor et Pollux*, acte 1ᵉʳ, chœur de Spartiates.

(2) Ce ravissant morceau, écrit à quatre voix sans accompagnement, procède par accords parfaits; le nom de son auteur est inconnu. Il date du xvᵉ siècle, et M. Fetis l'a fait entendre à Paris, pour la première fois, en 1832, dans ses intéressants concerts historiques.

(3) Le livre des *Marches* de Cherubini, publié en 1845 par la maison Troupenas, est célèbre au Conservatoire depuis plus de quarante ans.

(4) C'est en 1700, que ce musicien parisien publia la *Règle de l'octave*. J.-J. Rousseau lui a consacré un paragraphe intéressant dans son *Dictionnaire de musique*.

Sol, prend un doux repos sur un accord parfait ;
La, transpose l'accord qui sur le mi vibrait ;
Si, la quinte mineure et sixte virginales ;
Do, reflet, ombre, écho du roi des intervalles.

Pour descendre l'échelle on procède au rebours :

Si, de l'accord de sixte embellit ses contours ;
La, de sixte sensible, en dissonant se pare ;
Sol, de l'accord parfait offre l'emploi moins rare ;
Fa, sous l'âpre Triton et frissonne et gémit ;
Mi, de la sixte encore en chantant s'embellit ;
Ré, de nouveau supporte une sixte sensible ;
Do, sur l'accord parfait goûte un repos paisible.

Cette règle s'applique au doux mode mineur :

La, de l'accord parfait, nous offre la primeur ;
Si, la sixte sensible, émue et caressante ;
Do, la sixte majeure à la voix éclatante ;
Ré, de la sixte et quinte offre le mâle effet ;
Mi s'éclaire des feux du chaud accord parfait ;
Fa *dièze* bourdonne une sixte qu'il tinte ;
Sol *dièze* soupire et la sixte et la quinte ;
La, sur l'accord parfait se repose un moment.

On redescend la gamme en chiffrant autrement :

Sol *naturel* supporte une sixte majeure ;
Fa *naturel* augmente une sixte qui pleure ;
Mi, sur l'accord parfait devient doux, caressant ;
Ré, dissonant Triton, chante en s'adoucissant ;
Do, de la sixte encore emprunte la voix tendre ;
Si, comme en débutant, la sixte fait entendre ;
La, d'un profond repos en goûtant le bonheur ;
Termine tendrement le tendre ton mineur !

Pour vous remémorer l'enchaînement logique
Des accords, devinez la *Basse énigmatique* (1).
Les nombres seulement, sans le secours des sons,
Indiquent tour à tour leurs transformations.
L'élève applique ensuite à chacun, dans la basse,
Le son correspondant; et sa plume le classe
Lorsqu'elle réalise un travail sans égal
A l'Harmoniste offert par ce Sphinx musical.
L'avant-dernier accord conduit à la tonique,
Dont le maître a posé le jalon harmonique.


OEdipes de leur art, nos disciples vainqueurs
L'expliquent en chantant, à quatre voix, des chœurs.


Mais, c'est assez parler de la règle immuable
Qui donne à l'harmoniste un style irréprochable ;
Et, quittant de notre art le port harmonieux,
Voguons sur l'élément aux flots mélodieux.

(1) Voici, en peu de mots, comment on procède pour écrire une *basse énigmatique* :
On note une tonique quelconque dans la première mesure de la portée de la basse. Cette tonique, de la valeur d'une ronde, par exemple, est suivie d'un certain nombre de mesures laissées en blanc, mais surmontées chacune d'un chiffre différent exprimant le genre d'harmonie qui doit accompagner les notes *enchaînées mentalement* par le maître et données en énigme aux élèves. — Si l'on veut qu'un même son soit entendu plusieurs fois de suite à la basse, on lie les mesures au moyen d'un trait horizontal; si enfin, la note de basse doit être modifiée par un des trois signes accidentels, on pose le signe nécessaire au-dessous de la mesure. On termine par le ton dans lequel on avait commencé. La réalisation de la *basse énigmatique* écrite et surtout chantée à quatre parties, par nos élèves au Conservatoire, a toujours excité l'étonnement des artistes qui l'avaient provoquée; et nous sommes heureux d'avoir le premier imaginé ce moyen de récapitulation harmonique d'un secours si utile, et d'une application remplie d'intérêt.

**FIN DU CHANT SECOND.**

# CHANT TROISIÈME.

Comme du minerai l'enveloppe grossière
Renferme dans son sein l'or brillant de lumière,
L'harmonie en son sein renferme aussi le chant.
Le chant! l'âme, la vie et le verbe touchant!
Mais pour savoir tirer des flancs de l'harmonie
Le chant mélodieux, enfant du seul génie,
Il faut être doué du souffle créateur :
Et, comme on naît poëte on naît compositeur.


Mais la note de chant que l'harmonie abrite,
Sous le nom de *réelle* autour d'elle gravite,
Tandis qu'un autre son, aux accords étranger,
*Passe* en les effleurant, et sans s'harmonier.
Six *Notes de passage*, espèce de consonnes,
Du seuil mélodieux sont les nobles colonnes :
Les notes des accords, voyelles de haut choix,
Au conclave harmonique ont seulement la voix.
La note accompagnée est donc une voyelle,
Et la note qui *passe* une note rebelle ;

Diatoniquement elle doit procéder
Sous peine d'hiatus. — On la fait précéder
D'une note *réelle*, et parfois chromatique ,
Elle donne aux accords un tour plus euphonique.
Un seul saut de seconde est permis dans ce cas;
Si l'intervalle, enfin, franchit plus d'un seul pas,
L'accord change, ou l'oreille irritée, interdite.
Rejette promptement cette note insolite.


Comme on voit un duvet léger et tout soyeux
Embellir les contours d'un fruit délicieux,
Sur la note réelle, une *Appoggiature*
Dessine élégamment sa légère guipure.
Weber, dans *Euriante*, a, de mille façons,
De son aimable emploi donné bien des leçons (1).


L'*Anticipation*, qui, comme une étincelle,
Brille sur un accord étranger avec elle,
Fort souvent, autrefois, diaprait les accords.
Hændel, le fier saxon, ce fort entre les forts,
Aimait à l'employer; et, l'auteur d'*Alexandre*,
Termine ses motifs en la faisant entendre (2).


Elargissant de l'art l'horizon lumineux,
De Beethoven l'*oseur*, entre tous glorieux,

---

(1) De tous les compositeurs du xix⁰ siècle, Weber est celui qui a écrit les plus élégantes appoggiatures.

(2) La plupart des terminaisons de phrase de Hændel offrent l'emploi de cette note de passage.

La main ouvrit dans l'art des routes inconnues;
Il est un aigle altier qui plane dans les nues.
L'Anticipation, sous son stylet brûlant,
N'est plus un simple son sur l'accord enjambant;
Anticipant l'accord de tonique finale,
Mêlant la dominante à la voix gutturale,
Et la tierce dorée aux chatoyants reflets,
Il produit d'un seul coup deux étonnants effets.
Sous sa main de Titan, deux de ses symphonies
Contractent l'union d'étranges harmonies :
La *Pastorale*, et l'autre, empreinte de terreur,
Qui n'a pour titre, enfin, que celui d'*Ut mineur*,
Nous offrent, toutes deux, le rare phénomène
De deux tonalités que son audace enchaîne (1).


La *Syncope* énergique, en déplaçant les temps,
Rend *fort* le *faible*, et même en reflets dissonants,
Espaçant les retours de la note réelle,
Donne force et grandeur à l'accord qui chancelle.
Elle exprime du cœur les violents combats,
Et l'orage lui doit ses plus stridents éclats.


Mais, sous les saints parvis, quelle voix gutturale
Chante une mélodie austère et monacale?
C'est la *Suspension* qui donne à ce beau chant
Son allure mystique et son charme touchant !

(1) C'est dans le final de la symphonie *Pastorale* que Beethowen a employé avec audace et bonheur l'anticipation harmonique qui nous occupe. Vers la fin du scherzo de la symphonie en *ut mineur*, ce grand homme a également amalgamé deux tonalités différentes, celle de la tonique et de la dominante, qui donnent une sonorité merveilleuse à l'entrée du final de ce chef-d'œuvre.

Elle étend ses rameaux ainsi que fait le lierre,
Sur chaque consonnance ; et, dans le sanctuaire,
Elle aime à prolonger ses ascétiques sons...
Ne l'employez jamais dans de vives chansons.
Evitez d'arranger sous sa grave ordonnance
Des motifs préconçus qui, par leur ressemblance,
Donneraient à votre œuvre un cachet tout banal.
Pour nous intéresser, soyez original !
Pas de formule artiste ! et, que votre génie
Ne s'inspire jamais de la seule harmonie !
Elle est le piédestal, l'autel d'où, vers les cieux,
Doit monter en chantant l'encens mélodieux.


La *Pédale,* qui clôt cette nomenclature,
Ciselle des accords la rugueuse suture.
Préparée à la basse, elle y tient un seul son
Consonnant, dissonant. Pour la péroraison
D'un morceau capital, son secours est suprême ;
Elle résume, enfin, tournant sur elle-même,
Les sons constitutifs de la tonalité,
En ôtant aux accords leur froide crudité.
Tonique et dominante aiment cette tenue.
Placée au chant, on croit voir s'éclairer la nue.
Beethoven a créé dans un bel *Andante*
Une telle pédale ; et sa témérité
Produit un noble effet dont le tour chromatique
De la règle en bravant le pouvoir despotique,
Semble une voix d'en haut consolant la douleur
D'un amant dédaigné, qui chante son malheur (1).
Toujours neuf, ce grand homme, au style si splendide,

---

(1) C'est de la tenue du *mi bémol* qui se résout sur *mi* naturel dont l'auteur veut parler. (Lire l'Andante de la symphonie en *Ut mineur* de Beethoven.) Cet effet sublime est reproduit deux fois dans le même morceau.

Place au sein des accords, dans son *Adelaïde*,
Une douce pédale, et leur ombrage épais
Donne à la mélodie alors de frais aspects (2).
Augmentant le pouvoir de ce bel artifice,
On double la pédale ; et, suivant le caprice,
On peut, soit à la quinte, et même à huit degrés,
Obtenir des effets par la règle avoués.
Auber, dont le savoir se cache sous des roses,
Sur la pédale aussi créa de belles choses.
Par elle il fit surgir d'ineffables accords.
Lorsque pendant la nuit, bourrelé de remords,
Le maître d'*Haydée* élève une voix sombre,
Un *la bémol* sinistre, en projetant son ombre
Contre une mélodie écrite en *ut majeur*,
Cause, étrange pédale, une grande terreur (2).


Mais par de tels effets, enfants d'un beau génie,
Un jeune débutant dans la docte harmonie
Ne peut se signaler. Ah ! qu'il faut de savoir
Pour oser oublier et pour oser vouloir !


Il est un choix de sons que le grand mélodiste
Sait faire avec talent lorsqu'il est harmoniste.
Chaque accord lui fournit un son imitatif
Qui donne à la parole un tour plus incisif.
Grétry donne à ce son le nom de *note bonne* (3).
C'est par elle qu'un mot et surgit et rayonne.


(1) Beethoven : *Adelaïde*, cantate pour ténor, avec accompagnement de piano.
(2) Auber : *Haydée*, scène formant le final du 1ᵉʳ acte de cet ouvrage éminemment dramatique.
(3) Grétry : *Essais sur la Musique*, tome Iᵉʳ.

Si vous avez à peindre un lever de soleil,
Que la tierce domine, et son éclat vermeil
Eclairera l'accord d'une teinte brillante.
Mais, si d'un noir cachot, une voix suppliante
S'élève en sanglotant; que la quinte, au ton sourd,
Donne à la mélodie un accent froid et lourd.
Et, comme la peinture, en un frais paysage,
Fait entendre l'oiseau caché sous le feuillage,
La musique, imitant de l'éclair le sillon,
Par contre, à notre oreille, irise l'horizon.


Si chaque son divers, en résonnant s'envole,
L'accord s'*arpége*, écho de la lyre d'Eole;
Et si différents sons, l'un sur l'autre parqués,
S'entendent à la fois, ils résonnent *plaqués*.
L'élève, en débutant, traite ainsi l'harmonie;
Sa faiblesse le voue à la monotonie.
Plus fort, il donne aux sons l'espace et la clarté;
Le *Contrepoint* alors règle leur liberté. (1).


Sans changer des accords la note qui supporte
L'édifice sonore, on déplace et transporte
Les degrés élevés. Chaque position
Donne à l'accord entier une autre expression.
Si la tierce est en haut, l'accord, plein de lumière,
Inonde de ses feux la mélodie entière.
Si la quinte ou l'octave altère sa clarté,
Il perd en sentiment ce qu'il gagne en fierté.


Ecrire pour les voix est le secret du style.

---

(1) Le contrepoint enseigne l'art d'écrire purement, et de faire marcher avec élégance et clarté les différentes parties qui constituent un ensemble vocal ou instrumental.

L'Italie est la terre où le chant est facile,
Mélodieux et pur, et d'un tour gracieux ;
L'Allemagne mystique a le sien plus rugueux.
Mais la France qui veut que toute œuvre lyrique
Sacrifie avant tout au bon sens dramatique,
Forma son chant vocal par le double élément
Du style italien et du style allemand.

On réunit les voix, dans l'arène harmonique,
En formant un quadrige élégant, poétique :
Le *soprano,* l'*alto,* le *ténor* pur et doux,
Et le *basso* profond s'y donnent rendez-vous.

Dans les chœurs, chaque voix est tenue en tutelle,
Et gravit seulement de douze sons l'échelle.

Bien écrire une basse est l'œuvre du talent ;
Mais, pour y parvenir, que le progrès est lent !

Chantez la mélodie aux courbes élégantes ;
Distinguez de ses sons les pentes modulantes ;
Observez les repos qu'elle fait, et toujours
Respectant le bon sens, imitez du discours
La ponctuation... Que jamais la cadence,
En terminant trop tôt, ne prouve l'ignorance
De l'artiste incorrect et qui n'a pas compris
Que les sons et les mots doivent être assortis
Par une expression concordante, unitaire.

De bien harmonier, la règle est très sévère.
Que toujours le soprane, en vos divers accords,
Par la note chantante anime les temps forts.
Des accords étendez les sonores espaces ;
Qu'une douce *tenue* en nivelle les traces.

Par elle, chacun d'eux est purement écrit;
Aux barrières du style, aucun ne se meurtrit.
Ce *son harmonieux*, à la fois calme et tendre,
Dans l'*Armide* de Gluck, à nous se fait entendre
Quand le guerrier *Renaud* admire, en soupirant,
Le fleuve aux bords fleuris, qui *coule lentement* (1).


Des rhythmes, employez les formes variées;
Ils donnent aux beaux chants des lignes cadencées;
Car le rhythme est la vie, et le chant est le corps
Que le savoir revêt du manteau des accords.
Rameau, puis Le Sueur, par des chœurs syllabiques,
Dans le rhythme ont trouvé des effets dramatiques (2).
Le père de *Cortèz*, le fougueux Spontini,
En rhythmant ses finals, inspira Rossini (3).


Lorsque le chant arpége, en sa marche élégante,
Pour compléter l'accord, mettez la note absente
A la basse, et l'effet en sera ravissant.
Mozart, quand *donn' Anna* raconte, en gémissant,
D'un lâche guet-àpens l'histoire lamentable,
Nous offre de ce cas l'exemple mémorable.
En arpégeant, *Anna* nous peint son désespoir;
Et la basse mugit comme le vent du soir (4).

(1) Gluck : *Armide*, acte 2, scène 3, monologue de *Renaud*, dans lequel il y a des tenues d'instruments à vent d'un ravissant effet.
(2) Rameau : *Dardanus*.— Le Sueur : *La Caverne*.
(3) Les beaux modèles inspirent les artistes d'élite; et Spontini en écrivant la *Vestale* et *Fernand-Cortèz* a souvent été imité, comme les hommes de génie savent seuls le faire, par l'immortel auteur de la *Gazza Ladra* et de *Guillaume Tell*.
(4) Mozart : *Don Giovanni*, acte 1$^{er}$, duo de *dona Anna* et *don Ottavio*.

FIN DU CHANT TROISIÈME.

## CHANT QUATRIÈME ET DERNIER.

Maintenant que de l'art vous savez les formules,
O vous qui, du génie, en devenant émules,
Voulez à votre nom joindre celui de grand,
Oubliez, oubliez la règle qui s'apprend !
L'horizon est immense, et les routes sont belles !
Tracez, à votre tour, des pages immortelles ;
Signalez vos efforts par de nobles travaux ;
Et, premiers dans un genre, étonnez vos rivaux !
Si vous êtes portés vers l'épique harmonie,
Vous aurez à traiter la grande symphonie.
Si du Dieu des chrétiens vous êtes inspirés,
L'Eglise ouvre ses bras à vos accords sacrés.
Si de la scène, enfin, vous êtes idolâtres,
Faites des opéras pour l'un de nos théâtres !


Mais quel que soit le genre en vos œuvres traité,
Donnez à l'harmonie une noble clarté.

Tout artiste nouveau doit, plein de déférence,
Consulter de ses pairs la longue expérience.
Il faut, pour être admis au banquet du talent,
S'avancer sans scandale et marcher d'un pas lent.
Celui dont le début est une guerre aux règles,
Par le vent des sifflets, ainsi que les hauts seigles,
Est abattu bientôt; et perd, à tout jamais,
L'occasion propice aux durables succès.
Comme le nautonier qui, sagement cotoie
Les bords d'un lac perfide où l'imprudent se noie,
L'artiste doit agir s'il veut toucher le but....
La Gloire à ses amants fait payer un tribut;
Ils achètent bien cher les faveurs qu'elle donne,
Et c'est le front meurtri qu'ils portent sa couronne!
Travailler et souffrir, de l'artiste est le sort.....
Heureux, s'il laisse un nom que n'éteint pas la mort!


Des inspirations, loin d'être l'ennemie,
La science, au contraire, est leur économie.
Haydn et Beethoven et le tendre Mozart,
Lui doivent d'être encor les trois flambeaux de l'art!
Oui, l'inspiration pudique et juvénile,
Tombe, si pour tuteur elle n'a point le style.
Sans lui rien de durable au soleil ne reluit;
Il est au vrai savoir comme la branche au fruit :
Il abrite l'idée, et sa main forte et sûre,
Lui fait braver du temps la dissolvante injure.


Avec un soin constant mélangez vos couleurs;
On reconnaît en lui les vrais compositeurs.
Chaque ton porte en soi sa couleur poétique :

*Do majeur* grave et lourd, aime le chant biblique;
*Mineur*, il est funèbre et pleure sur les morts.
Le ton de RÉ *majeur* augmente les transports
D'un chant agreste et pur; mais, s'il se bémolise,
Il dit du saint des saints le cantique à l'Église.
*Mineur*, il est plaintif, gémit avec *Anna*,
Sur un père adoré qu'un traître assassina (1).
MI *majeur* empourpré d'une vive lumière,
Sous ses feux dévorants embrase la carrière...
*Mineur*, il est plaintif et seconde l'amour,
Qui, timide et tremblant, espère un doux retour.
FA *majeur* des combats proclame la victoire;
Il exalte, *mineur*, d'un héros la mémoire.
SOL *majeur* est agreste: il chante et le matin,
Et la Suisse et ses monts embaumés par le thym.
Si sa tierce est *mineure*, à la mélancolie
Elle porte notre âme, et fait de la folie
Taire les gais grelots... LA *majeur*, du soleil
Célèbre avec éclat le bienfaisant réveil.
*Mineur*, il a des sons qui vont tout droit à l'âme;
Et penche les cyprès sur la tombe où la femme
Est cachée aux regards de son fidèle amant...
Le ton de SI *majeur* est chaud et véhément;
D'une contrée aride il calcine la rive.
*Mineur*, des réprouvés il a la voix plaintive;
Weber et Meyerbeer, dans *Freyschutz et Robert*
Ont, Callots de leur art, par lui dépeint l'enfer (2).


Mais, ces tons naturels, dès qu'on les bémolise
Prennent subitement une teinte plus grise.


(1) Mozart. — *Don Giovanni*, duo du 1ᵉʳ acte; déjà cité.
(2) Lire la chanson *Sans chagrin pour l'avenir* de *Robin des bois*, et les chœurs de démons de *Robert le Diable*.

Jamais compositeur, pour peindre les beaux jours,
Des tons bémolisés n'emprunta le secours.
L'art enseigne à savoir employer chaque teinte,
Avec goût, à propos et toujours sans contrainte.
Rien de simple à l'esprit ne s'offre tout d'abord;
Mais la loupe à la main, par un constant effort,
Du bon grain le talent sait distinguer l'ivraie,
Et l'inspiration qui cesse d'être vraie,
Doit être rejetée... Enfin le naturel
Donne seul aux beaux chants un éclat immortel.


O Vérité, c'est toi dont le geste sévère,
Montre aux prédestinés la route où persévère
Celui qui du génie a l'étincelle au cœur :
Tu fais et le poëte et le compositeur !
Sans toi, les fruits hâtifs de la jeunesse ardente,
Ne mûrissent jamais; et bientôt languissante
Avant le temps, elle a les rides du vieillard....
Rien ne mûrit enfin sans le soleil de l'art.


Donnez de l'intérêt à toutes les parties,
Sachez faire compter à vos voix assorties,
Tour à tour un silence; artistes de bon goût
Evitez de remplir tous les accords partout;
Et lorsqu'une partie entre après une pause,
Que d'un trait précédent sa forme soit éclose;
L'unité vous l'ordonne et le bon sens le dit.
Chaque voix doit avoir sa part dans le récit :
Que le *ténor* soupire et que l'*alto* gémisse,
Gardez que le *soprane* à jamais ne languisse;

Que la *basse*, en marchant, anime les repos,
Que font des autres voix les sonores faisceaux.


Le motif principal, d'un air le diadème,
Doit être reproduit avec un soin extrême,
Partout où son retour semble être naturel;
Il donne à l'harmonie un charme essentiel.
Mais n'accumulez pas richesse sur richesse :
Développez l'idée importante et maîtresse,
Qu'elle domine enfin la composition;
Si vous la négligez, de la confusion
La nielle étouffera votre moisson chantante,
Et vous récolterez l'ivraie assoupissante.


Espacez vos accords pour que leurs sons divers,
Vibrent tous librement; et, c'est un grand travers,
Que de trop resserrer les lacs de l'harmonie :
On est terne, insonore, et la monotonie
Etend sa main de plomb qui glace et qui meurtrit.
L'accord le plus divin lorsqu'il est mal écrit.
Supprimez des accords les notes inutiles ;
C'est là tout le secret des doctes, des habiles.
Mozart, avec deux sons est souvent plus entier
Que tel compositeur usant tout le clavier.


Pour sortir d'embarras dans les moments critiques,
Vous avez trois accords, sésames harmoniques :
*Septième dominante*, au modulant pouvoir;
*Sixte augmentée*, accord qui peint le désespoir ;
*Septième diminuée* à la voix pénétrante;

Hydre dont chaque tête à son tour renaissante,
Peut, en fondamentale, à votre choix s'offrir ;
Qui, dans les nouveaux tons qu'elle va parcourir,
Ouvre des grands effets les routes si nouvelles,
Et paillette le chant de vives étincelles.
Par la *synonymie* on obtient des effets
Cachés sous le manteau des seuls accords parfaits.
Le bémol est dièze ; et, cette enharmonie
Fait à pas de géant chevaucher l'harmonie !


Il est assez facile à tout compositeur
De beaucoup moduler ; mais, avec profondeur,
Pour bien creuser le lit que se fait la science
Il faut du vrai talent posséder la puissance.
Que d'élèves hélas ! entrent dans le grenier
De la *belette maigre*, et savent engraisser
De modulations leur œuvre juvénile !
Mais sortir du grenier, voilà le difficile,
Le propre du savoir ! Ne vous élevez pas
Dans la sphère éthérée où marchent à grands pas,
Les maîtres de notre art riche en déconvenues.
L'aigle seul sait planer bien au-delà des nues.
Si tu n'as point son aile, artiste, arrête-toi,
Et contemple d'en-bas le vol de l'oiseau-roi !...


Tel que le moissonneur, en gerbes diaprées,
Réunit les épis de ses moissons dorées,
Reconstruisez, élève, une partition
Qui fait, par ses beautés, votre admiration.
Comme il vous faut, enfin, à votre tour connaître
Du grand art d'orchestrer tous les secrets d'un maître,

Refaites, vous servant des *mêmes instruments*
Le morceau qui causa tous vos enchantements.


Après avoir écrit ce travail non stérile
Comparez votre faire au modèle de style ;
Et, par cette leçon que donnent de leur art
Haydn et Beethoven, Mendelsohn et Mozart,
Vous connaîtrez bientôt la marche stratégique
Des nombreux combattants du monde symphonique.
Le chant et l'harmonie orchestrés de nouveau
Auront été d'abord réduits pour piano.


Dans le style idéal, évitez la manie
Qui porte à tout soumettre au joug de l'harmonie.
Chantez, chantez toujours et laissez aux pédants
Le futile plaisir de passer pour savants.


Et pour unir enfin la force à la science
De la Fugue sévère apprenez l'ordonnance.
Par elle, vous saurez du discours musical
Régler chaque partie, et faire un tout égal.
Des grands compositeurs elle est la rhétorique,
Et donne à leurs travaux un ensemble logique.
Elle est un guide sûr dans notre obscurité
En soumettant le style à la loi d'unité.
Loi divine ! sans elle on vogue sans boussole ;
En un ruisseau fangeux se change ton pactole,
Roulant un sable d'or, imagination !


Que de talents mort-nés, faute d'instruction

Mais le feu du génie a passé dans vos ames,
Artistes dont les cœurs brûlent de nobles flammes,
Vous rendrez à notre art plus qu'il n'a fait pour vous.
Ecrivez, grandissez; loin d'en être jaloux,
Nous vous applaudirons au nom de la patrie !


Partez, gais ménestrels, la terre est reverdie;
Le printemps de notre art pour vous sema des fleurs...
Accordez vos doux luths, faites couler nos pleurs !
Des maîtres immortels fécondez l'héritage,
Et leur gloire sera votre brillant partage.


Par nous, qui vous guidions dans les sentiers de l'Art
Vos noms seront inscrits sur son noble étendard !

FIN.

Paris.—Imp. Schiller, r. du Fg-Montmartre, 11.

www.ingramcontent.com/pod-product-compliance
Lightning Source LLC
Chambersburg PA
CBHW060502050426
42451CB00009B/770